BEI GRIN MACHT SICH IHR WISSEN BEZAHLT

- Wir veröffentlichen Ihre Hausarbeit, Bachelor- und Masterarbeit

- Ihr eigenes eBook und Buch - weltweit in allen wichtigen Shops

- Verdienen Sie an jedem Verkauf

Jetzt bei www.GRIN.com hochladen und kostenlos publizieren

Bibliografische Information der Deutschen Nationalbibliothek:

Die Deutsche Bibliothek verzeichnet diese Publikation in der Deutschen National-
bibliografie; detaillierte bibliografische Daten sind im Internet über http://dnb.d-
nb.de/ abrufbar.

Impressum:

Copyright © 2017 GRIN Verlag
Druck und Bindung: Books on Demand GmbH, Norderstedt Germany
ISBN: 9783668630604

Fatma Gülkopan

Au restaurant. Unterrichtsplan für das Fach Französisch in der 9. Klasse Realschule

GRIN Verlag

GRIN - Your knowledge has value

Der GRIN Verlag publiziert seit 1998 wissenschaftliche Arbeiten von Studenten, Hochschullehrern und anderen Akademikern als eBook und gedrucktes Buch. Die Verlagswebsite www.grin.com ist die ideale Plattform zur Veröffentlichung von Hausarbeiten, Abschlussarbeiten, wissenschaftlichen Aufsätzen, Dissertationen und Fachbüchern.

Besuchen Sie uns im Internet:

http://www.grin.com/

http://www.facebook.com/grincom

http://www.twitter.com/grin_com

Thema der Unterrichtsstunde:

« au restaurant »

Fatma Gülkopan
Pädagogische Hochschule Heidelberg
Sommersemester 2017

Inhaltsverzeichnis

1.Bedingungsanalyse _____ 2

1.1 Soziokulturelle Voraussetzungen _____ 2

1.2 Anthropogene Voraussetzungen_____ 2

2. Sachanalyse_____ 3

3. Didaktische Analyse _____ 3

3.1 Legitimation des Themas auf Basis des Bildungsplans_____ 3

3.2 Spezifische Ausgangslage der SuS für das Thema _____ 4

3.3 Auswahl von Inhalten _____ 5

3.3.1 Schwierigkeitsanalyse_____ 5

3.3.2 Didaktische Reduktion _____ 5

3.3.3 Einbettung_____ 6

3.4 Lernzielanalyse/Kompetenzerwerb_____ 6

4. Methodische Analyse _____ 7

4.1 Einstieg_____ 7

4.2 Erarbeitungsphase_____ 7

4.3 Transferphase_____ 8

4.4 Anwendungsphase/Ergebnis _____ 9

5.Verlaufsplanung_____ 10

6.Literaturangaben _____ 11

7.Anlagen _____ 12

8.Reflexion _____ 15

1.Bedingungsanalyse

1.1 Soziokulturelle Voraussetzungen

Die besuchte Realschule liegt im Süden einer deutschen Stadt im Grünen und wird von ca. 450 Schülern (SuS) besucht. Der Stadtteil gilt als ein Arbeiterviertel, da viele Industrieunternehmen in der Nähe angesiedelt sind. Daraus lässt sich schließen, dass die SuS aus sozialschwächeren Familien kommen, die die Bildung nicht, als das wertvollste Gut betrachten. In den Klassen ist ein hohes Maß an Immigrationshintergründen festzustellen.

Das Kollegium besteht aus ca. 35 Lehrpersonen. Eine Stadtbibliothek ist im Hause zu finden.

Wenn man die Ausstattung der Schule in Betracht zieht, gibt es Klassenzimmer mit einem Beamer und einen Laptopwagen, aber auch Klassenzimmer, die lediglich eine Tafel und einen Overheadprojektor besitzen. Dadurch, dass es nur zwei Computerräume gibt, die meist besetzt sind, würde man von einer mittelmäßigen Ausstattung der Schule sprechen.

Die besuchte neunte Klasse umfasst 17 SuS, wovon die meisten Deutsch als erste Fremdsprache gelernt haben. SuS im Alter von 15-17 Jahren sind vertreten, die keine große Motivation für die Schule mitbringen. Zum Teil gibt es Störungen und Unruhe im Klassenraum.

1.2 Anthropogene Voraussetzungen

Eine relativ heterogene Klasse ist, durch die unterschiedlichen Lern-und Verhaltensweisen vorzufinden. Es gibt SuS, die keinen Lernwillen vorweisen können und verhaltensauffällig im Unterricht sind. Aber auch SuS die im Unterricht motiviert sind und aktiv am Unterrichtsgeschehen partizipieren sind vorzufinden. Aufgrund der extremen Leistungsunterschiede weisen sie ein langsames Arbeitstempo auf. Die SuS befinden sich im 3. Lehrjahr Französisch und werden dreistündig unterrichtet. Sie besitzen einen stark eingeschränkten Wortschatz und brauchen folglich sehr vereinfachte Erklärungen. In der Aussprache gibt es große Schwierigkeiten, weil z.B. jedes konjugierte Verb in einem Satz als ein Infinitiv ausgesprochen wird. Die schriftliche Leistung der SuS kann ich zum jetzigen Zeitpunkt nicht beurteilen. Bisher konnte ich in dieser Klasse zwei Unterrichtsstunden halten. Dadurch habe ich nur die Tandemarbeit, den Stuhlkreis und die „Cocktailparty" als Arbeitsformen eingeführt. Ein disziplinäres Verhalten würde nicht jeden SuS betreffen, da fast immer jemand fehlt, die Hausaufgaben nicht gemacht sind, Unterrichtsstörungen zum Nachsitzen führen und Arbeitsverweigerungen vorkommen. Die SuS befolgen oftmals nicht den Arbeitsanweisungen und beschäftigen sich mit unterrichtsfremden Materialien. Das ist die Ursache dafür, dass ich in meiner ersten Stunde in dieser Klasse einige ermahnen musste. In meiner zweiten Stunde folgten sie aufmerksam dem Unterrichtsverlauf und wiesen im Gegensatz zu vorher eine Motivation auf. Im Falle des sozialen Verhaltens sind Gruppierungen im Klassenraum zu beobachten und die typische Abgrenzung von „cool-uncool" sein. Generell ist ein gutes Klassenklima vorzufinden und ein angstfreies Lernen zu konstatieren.

2. Sachanalyse

In meiner Unterrichtseinheit geht es hauptsächlich darum in einem Restaurant bestellen zu können. Hierfür liegt der Schwerpunkt auf den verschiedenen Redemitteln, die das Gegenstand des Unterrichtsgeschehens sind. Die Redemittel wurden in zwei Rollen eingeteilt, einmal in die Rolle des Kellners und des Kunden. Die Begrüßung, der Bestellvorgang und der Abschied werden thematisiert. Die SuS werden als erstes hören, dann sprechen, sehen und schreiben. Das heißt, die Lautformen als auch die Schriftformen, das Betonungsschema und das Intonationsmuster der neu eingeführten Redemittel werden abgehandelt. Dies geschieht in der Zeitform „présent" und im „conditionnel présent", um eine Höflichkeit zu wahren, d.h. sie gehören zur formalen Stilebene. Zudem sind sie situationsabhängig und könnten in Restaurants, Cafés, Bistros genutzt werden, die von morgens bis abends geöffnet haben. Die Redemittel sind das Medium, um an das Ziel sein gewünschtes Essen oder Trinken zu bekommen zu erreichen und basieren auf einem elementaren Sprachfertigkeitsniveau, welche zu linguistisch einfach zuzuordnen ist.

3. Didaktische Analyse

3.1 Legitimation des Themas auf Basis des Bildungsplans

„In einer modernen und globalisierten Welt, die von zunehmender Mobilität und Vernetzung geprägt ist, stellen Fremdsprachenkenntnisse eine wichtige Grundlage für den internationalen Dialog dar. Sie befähigen den Einzelnen, sich in interkulturellen Kontexten angemessen zu bewegen. Indem sich Schülerinnen und Schüler mit sprachlicher und kultureller Vielfalt auseinandersetzen, erwerben sie interkulturelle Handlungskompetenz, die sie in die Lage versetzt, mit Individuen und

Gruppen anderer Kulturen angemessen und respektvoll zu interagieren."[1] Die Ausbildung der interkulturellen kommunikativen Kompetenz ist das übergeordnete Ziel des Fremdsprachenlernens.

Durch die im Bildungsplan verankerten Themenfelder erfahren die SuS den Alltag und die Kultur der Zielsprache und eignen sich verbindliche Redemittel als auch einen Wortschatz an. Meine Unterrichtsstunde „au restaurant" ist in das Themenfeld „Essen, Trinken und Einkaufen" einzuordnen. Einer der Gründe meiner Auswahl war es, dass es in einem Aufenthalt in Frankreich unumgänglich ist, dieser alltäglichen Situation zu entkommen. Zudem ist es ein Thema, welches einen hohen Nutzungscharakter darstellt, d.h. zielgerichtetes Handeln ermöglicht. Folglich kann eine Interaktion zwischen beiden Kulturen stattfinden. Die Schwerpunkte bei dieser Themenauswahl liegen in der interkulturellen kommunikativen Kompetenz, im Hörsehverstehen und in der Sprachmittlung. Die Lernaufgabe der SuS besteht darin, dass sie eine Kommunikationssituation in einem Restaurant gestalten und vortragen. Hierfür werden sie auch mit einer authentischen Speisekarte konfrontiert.

Das Hörsehverstehen wird gefördert, indem die SuS ein medial vermitteltes Alltagsgespräch global verstehen sollen.
Zudem wird die Sprechkompetenz der SuS in dieser Unterrichteinheit gefördert, da sie eine Rolle mit zunehmender Selbständigkeit situationsgerecht gestalten müssen. Durch das Verfügen von sprachlichen Mitteln, hier Erweiterung des Wortschatzes durch Redemittel, wird die funktionale kommunikative Kompetenz gestärkt. Infolgedessen können sie ihre interkulturellen, sprachlichen und medialen Kompetenzen im Themenbereich „Essen, Trinken und Einkaufen" anwenden.

3.2 Spezifische Ausgangslage der SuS für das Thema

Zweifellos haben die SuS einen besonderen Bezug zur Unterrichtsstunde, da sie am 07.Juli mit der Französischklasse nach Colmar reisen werden. Dort werden sie einem französischen Restaurant einen Besuch abstatten und das Gelernte umsetzen. D.h. die Gegenwartsbedeutung des Themas ist gegeben. Auch für die Zukunft spielt das Bewältigen von Alltagssituationen in einem internationalen Raum eine bedeutende Rolle.

---

[1] Bildungsplan 2016, Französisch als zweite Fremdsprache, S.5

Sie können Grundkenntnisse im Themenfeld „Essen, Trinken und Einkaufen" vorweisen. Der ein oder andere SuS hat vielleicht in einem Familienausflug eine außerschulische Vorerfahrung in einem französischen Restaurant gemacht.

Des Weiteren befinden sich die SuS in ihrer Pubertät und befinden sich auf dem Weg des Erwachsenenseins. Damit ist die Eigenverantwortlichkeit, als sowohl die Selbständigkeit verbun. Angesichts des Themas besteht somit eine Altersgemäßheit der SuS, die ihre Persönlichkeiten entwickeln und zu mündigen Bürgern erzogen werden. Andererseits ist es schwierig pubertierende SuS für das Unterrichtsthema zu begeistern und einen Lernzuwachs zu erzielen.

3.3 Auswahl von Inhalten

3.3.1 Schwierigkeitsanalyse

Schwierigkeiten sind beim Hörsehverstehen des abgespielten Videos zu erwarten, weil die SuS sich selten mit Videosequenzen auseinandersetzen.

Deshalb habe ich für ein besseres Verständnis Bilder aus der Szene herausgearbeitet, die die zentralen Inhaltspunkte des Dialogs im Restaurant symbolisieren.

Neben dem Verständnis wird die Aussprache der neuen eingeführten Redemittel eine Schwierigkeit für die SuS darstellen, zumal ich auch eine neue Zeitform bei zwei Redemitteln benutzt habe, welche die SuS nicht kennen, nämlich das „conditionnel présent", um die Höflichkeit des Dialogs zu wahren. Dafür werde ich die Bilder benutzen und sie im Chor nachsprechen lassen. Vermutlich wird es in der Sprachproduktion Probleme geben einen Dialog in Partnerarbeit zu gestalten, deshalb werde ich in den Reihen rumgehen und Hilfestellung leisten.

3.3.2 Didaktische Reduktion

Für meine Unterrichtsstunde habe ich verbindliche Redemittel festgelegt, die für das Unterrichtsthema notwendig sind und Variationen für leistungsstärkere SuS bereitgestellt. Das Thema „au restaurant" ist auf seine wesentlichen Elemente reduziert und eine überschaubare Liste der Redemittel für die SuS ist vorbereitet. Zudem habe ich den Umfang der Speisekarte klein gehalten und einfache Spezialitäten ausgewählt, um eine Erleichterung bei den SuS zu bewirken.

3.3.3 Einbettung

Die Unterrichtsstunde „au restaurant" zielt eine Vorbereitung auf die Klassenfahrt nach Colmar ab. Dort werden die SuS ein Restaurant besuchen, indem sie selbst bestellen und das Gelernte in der Realität situationsgerecht anwenden.

Deshalb ist es eine Stunde, die von der vorherigen Stunde losgelöst ist, in welchem ein neuer Text aus dem Lehrbuch eingeführt wurde.

Außerdem dienen die geübten Redemittel zur Vorbereitung auf die Flü im nächsten Schuljahr. In ihrer Abschlussprüfung wird auch ein Dialogteil präsentiert.

3.4 Lernzielanalyse/Kompetenzerwerb

Die SuS beherrschen die verbindlichen Redemittel, um in einem französischen Restaurant bestellen zu können.
Das zielgerichtete Handeln steht im Mittelpunkt, da die französische Sprache zum Medium des Handlungsprozesses wird.
Die funktionale kommunikative Kompetenz wird durch die Aneignung sprachlicher Mittel, hier Redemittel, gefördert.
Zudem wird die Sozialkompetenz mithilfe der Partnerarbeit gestärkt.

-Die SuS verstehen die neuen sprachlichen Mittel und ordnen die Bilder, welche die Redemittel betreffen, in eine Reihenfolge
-Die SuS sprechen die Redemittel richtig aus, indem sie der LK nachsprechen
-Die SuS kennen die Schreibweise der neu eingeführten Redemittel durch die Auseinandersetzung mit den Wortkarten an der Tafel
-Die SuS wenden diese im Rollenspiel korrekt an und üben ihre Zusammenarbeit mit einem Partner und präsentieren vor der Klasse ihre Dialoge

4. Methodische Analyse

4.1 Einstieg

In der Unterrichtsstunde „au restaurant" steige ich mit einer Begrüßung ein und sage: « A Colmar vous allez au restaurant pour cela on regarde comment il faut commander qc en France » und zeige das Video. Ich habe mich bewusst für eine audiovisuelle Sequenz entschieden, weil ich die Aufmerksamkeit der SuS einfangen wollte. Zudem sollte es motivierend wirken, da es mit Colmar verknüpft ist und die Neugierde der SuS für die heutige Stunde erwecken. Außerdem ist es ein überraschender Einstieg, da ich und meine Kommilitonin als Dialogpartner im Restaurant zu sehen sind.

Als ich diese Unterrichtsstunde geplant habe, suchte ich nach passenden Videoausschnitten, aber keines war authentisch, modern, zeitgemäß, ansprechend genug für die SuS. Deshalb entschied ich mich ein eigenes zu drehen und konnte die Auswahl der Redemittel qualitativ als auch quantitativ einschränken. Außerdem steht im Klassenraum ein vorbereiteter Tisch, welcher für den Abschluss der Unterrichtsstunde gebraucht wird und wirft gezielt bei den SuS Fragen auf. In dieser Phase wird das Thema der Stunde präsentiert und Impulse gegeben, welche die SuS in Einzelarbeit auffangen sollen.

4.2 Erarbeitungsphase

Wenn man die Unterrichtsskizze in Betracht zieht, sieht man drei Erarbeitungsphasen. Dies ist darauf zurückzuführen, dass ich in jeder Erarbeitungsphase mit einer anderen Herangehensweise verschiedene Inhalte erarbeiten möchte, d.h. um es überschaubar und einfach darstellen zu können trennte ich die Erarbeitungsphase in drei kleinere Abschnitte. Des Weiteren habe ich meine Unterrichtsstunde nach dem Prinzip „hören, sprechen, sehen, schreiben" gestaltet. In der ersten Erarbeitungsphase wird das Video mehrmals wiederholt und die SuS entwickeln ein globales Verständnis für das Thema. Hierfür stelle ich eine offene Frage: „Qu'est-ce qu'ils passent dans la vidéo?", um ein größeres Spektrum von Antworten erhalten zu können.

Der Einstieg und die Erarbeitungsphase fließen ineinander, so dass keine Gelenkstelle notwendig ist, da die beiden Phasen miteinander verflochten sind und das Video weiterhin das Gegenstand der Stunde darstellt. Um das Verständnis für die verwendeten Redemittel im Dialog zu ermöglichen, werden die SuS Bilder aus dem Video in die richtige Reihenfolge setzen. Ich wählte die Bilder aus, um eine gedankliche Stütze des Geschehenen zu leisten. SuS machen sich Gedanken über den richtigen Handlungsablauf des Dialogs.

In der zweiten Erarbeitungsphase werden die Bilder beim Chorsprechen benutzt. Somit assoziieren die SuS das Ausgesprochene mit den Bildern. Folglich kann den Redemitteln eine Bedeutung zugeordnet werden. Schritt für Schritt geht das globale Verständnis in das Detailverständnis über. Außerdem sprechen die SuS die Redemittel aus und üben die richtige mündliche Aussprache. Das Chorsprechen ist sehr wichtig, da die Aussprache eine wesentliche Schwierigkeit für die SuS darstellt.

In der dritten Erarbeitungsphase wird die Orthographie der Redemittel eingeführt. Nun sollen die SuS das Schriftbild in die richtige Handlungsabfolge bringen und an der Tafel befestigen. Zusätzlich ergänzt LK das Tafelbild mit möglichen Alternativen, die im Dialog benutzt werden können. Die Bereitstellung von mehreren Gestaltungsmöglichkeiten des Dialogs, soll eine Differenzierung und Individualisierung des Unterrichts gewähren. Damit die SuS sich mit der Schreibweise intensiver auseinandersetzen entschied ich mich für diese schülerzentrierte Aktivität im Unterrichtsgeschehen.

4.3 Transferphase

In der Transferphase wird ein Arbeitsblatt mit den Redemitteln verteilt, damit die SuS in ihrem Heft das Thema „au restaurant" nachschlagen können, wenn sie sich auf die Abschlussprüfung vorbereiten wollen. So zu sagen wird das Ergebnis der Erarbeitung durch das Arbeitsblatt gesichert. Folglich wird auch Zeit für die Dialogerstellung gewonnen, da die SuS das Tafelbild nicht abschreiben müssen.

Als Nächstes erteile ich den Arbeitsauftrag:
« Travaillez à deux et écrivez un dialogue entre un client et un serveur comme dans la vidéo. Après vous devez jouer la scène devant la classe. Soyez créatif ! »
Nun sollen die SuS das Gelernte in einen eigenen Dialog übertragen und in Partnerarbeit gestalten. Sie schlüpfen dabei in die Rolle eines Kunden und eines Kellners.

Für dieses Rollenspiel habe ich auch eine Speisekarte vorbereitet, so dass die SuS, wie in einem richtigen Restaurant die Qual der Wahl haben. Zu jedem Gang wählte ich zwei typische französische Speisen und unterstützte sie mit den jeweiligen Bildern, um die Situation zu vereinfachen. „La carte" habe ich auf einem großen Plakat veranschaulicht. Außerdem werde ich die Gänge den SuS erklären, damit keine Probleme in der Dialogerstellung auftauchen können.

Während dieser Sprachproduktion seitens der SuS werde ich im Klassenraum rumgehen und Hilfestellung leisten, d.h. Hilfe bei der Aussprache, bei den Vokabeln, bei der Grammatik etc. Zusätzlich stelle ich für die Präsentation der Dialoge den SuS Karteikarten bereit.

Diese Transferphase ist entscheidend für das Ergebnis am Ende. Im Unterrichtsverlauf wurden die Redemittel Schritt für Schritt erarbeitet, damit die SuS sie richtig umsetzen können. Nun dürfen sie selbst ein Dialog erstellen und die bereitgestellten Requisiten verwenden. Die SuS sollen in Zusammenarbeit mit ihrem Partner eine Szene „au restaurant" erstellen und dabei in zwei verschiedene Rollen schlüpfen. „Das Rollenspiel ermöglicht den SuS sprachliches Handeln im geschützten Rahmen" und freie Entfaltungsmöglichkeiten im Klassenraum.[2]

Meine Intention war es, dass die SuS diese kommunikative Situation „au restaurant" nachspielen, damit sie in Colmar situationsgerechter handeln können.

4.4 Anwendungsphase/Ergebnis

In dieser letzten Phase wenden die SuS das Gelernte an und präsentieren ihre Dialoge vor der Klasse. Durch diese Pflicht vortragen zu müssen, erhalten manche SuS eine größere Leistungsbereitschaft bei der Aufgabenbewältigung. Aus diesem Grund entschied ich mich für die Präsentation der Dialoge, die auch das gegenseitige Beobachten der Leistungen zulässt. Die SuS können hier die Fehler ihrer Mitschüler erkennen und sich von Ideen inspirieren lassen.

---

[2] Andreas Nieweler(Hrsg.), Fachdidaktik Französisch, Klett Verlag, Stuttgart 2006, S.72

5. Verlaufsplanung

au restaurant

Fatma Gülkopan	Fach: Französisch	Mentorin: Frau Tabti	Klasse: 9	Datum: 28.06.2017

Uhrzeit	Phasen	Lehrer-Schüler-Handlung	Sozialform	Material/Medien	Didaktischer Kommentar
11:45-11:50	Einstieg Präsentation	LK begrüßt die SuS: „A Colmar vous allez au restaurant pour cela on regarde comment il faut commander qc en France" und spielt ein Video ab. (In der Pause hat LK einen Tisch mit Besteck und Tellern vorbereitet, als auch eine große Menükarte)	Einzelarbeit	selbstgedrehtes Video au restaurant	Erweckung der Neugierde und Motivierung der SuS
11:50-12:00	Erarbeitung	Nun gibt LK den Arbeitsauftrag: "Qu'est-ce qu'ils passent dans la vidéo?" Es wird noch einmal abgespielt. SuS sollen diesmal Bilder aus der Szene an der Tafel anordnen. Diese stehen für jeweilige Redemittel, die im Video verwendet wurden.	Plenum	Video Bilder Tafel	SuS hören dem Dialog aufmerksam zu und entwickeln ein globales Verständnis. Das Hörverstehen wird gestärkt
12:00-12:05	Erarbeitung 2	SuS sprechen der LK im Chor nach. Die Redemittel des Dialogs sind die Gegenstände des Chorsprechens. LK zeigt beim Vorsprechen auf die jeweiligen Bilder.	Plenum	Tafel Bilder	Chorsprechen, das Gehörte wird ausgesprochen
12:05-12:15	Erarbeitung 3	Nun sollen die SuS an der Tafel das Schriftbild der Redemittel in eine Reihenfolge bringen. Zusätzlich dazu ergänzt LK das Tafelbild mit möglichen Variationen.	Plenum	Tafel Wortkarten	
12:15-12:30	Transfer	Ein AB zu den Redemitteln "au restaurant" wird verteilt. LK erteilt die Aufgabe: "Travaillez à deux et écrivez un dialogue entre un client et un serveur comme dans la vidéo. Après vous devez jouer la scène devant la classe. Soyez créatif? Zudem präsentiert LK das heutige Menü, welches zur Auswahl steht.	Partnerarbeit	AB Karteikarten La carte	Anregung zur Sprachproduktion
12:30-12:45	Ergebnis Anwendung	SuS tragen spielerisch ihre Dialoge vor.	Rollenspiele der SuS	Kulisse eines Restaurants	Hemmungen werden abgebaut

Ziel: SuS beherrschen die notwendigen Redemittel, um in einem französischen Restaurant bestellen zu können.
Das zielgerichtete Handeln steht im Mittelpunkt, da die französische Sprache zum Medium des Handlungsprozesses wird.
Die funktionale kommunikative Kompetenz wird durch die Aneignung sprachlicher Mittel, hier Redemittel, gefördert.
Zudem wird die soziale Kompetenz mithilfe der Partnerarbeit, als auch durch das aktive Beobachten der Rollenspiele gestärkt.

6.Literaturangaben

Bildungsplan 2016 Baden-Württemberg

Andreas Nieweler(Hrsg.), Fachdidaktik Französisch, Klett Verlag, Stuttgart 2006

Quellenangaben:

-Video und Bilder: selbsterstelltes Material

Tafelbild : au restaurant

Bilder aus dem Video (im Anhang zu finden)

la serveuse :

-Bonsoir Madame

-Vous désirez ?

-Voilà la carte

-Qu'est-ce que vous voudriez boire ?

-Vous avez choisi à manger ?

-Comme plat principal je conseille la tarte flambée

-Vous désirez encore quelque chose ?

-je vous en prie

-Voilà, bon appétit !

-Voilà l'addition. Ça a été ?

-Merci à vous, bonne soirée

la cliente :

- Bonsoir Madame

-Je voudrais la carte s'il vous plaît

-merci

-Je voudrais boire un café

-Qu'est-ce que vous pouvez me conseiller ?

-C'est bon…, comme entrée je prends la salade césar au poulet, comme plat principal et comme dessert, je prends le mousse au chocolat

- Non, merci.

-L'addition, s'il vous plaît.

-Merci, c'était parfait

-Bonne soirée

Au restaurant

le serveur/ la serveuse :

-Bonjour/ Bonsoir Madame/Monsieur

-Vous désirez ?

-Je vous écoute/ Voilà la carte/...

-Qu'est-ce que vous voudriez boire ?

-Qu'est-ce que vous voudriez manger ?/ Vous avez choisi ?

-Comme entrée/plat principal/ dessert,
       je propose/conseille ...

-Vous désirez encore quelque chose ?

-Voilà, bon appétit !

-Voilà l'addition/ ça fait X euros.
Ça a été ? / ça vous a plu ?

-Merci à vous, au revoir/bonne journée/bonne soirée

le client/ la cliente :

- Bonjour/ Bonsoir Madame/Monsieur

-Je voudrais.../ la carte s'il vous plaît/ une table pour X personnes/...

-Je voudrais boire.../ de l'eau / du café/...

-Qu'est-ce que vous me conseillez ?

-C'est excellent/bon...,
comme entrée/plat principal/ dessert, je prends ...

-Oui, .../ Non, merci.

-L'addition, s'il vous plaît.

-Merci, c'était excellent/ parfait/ bon...

-Au revoir /bonne journée/bonne soirée...

> ➢ Travaillez à deux ! Vous êtes au restaurant. Le client commande son menu. Ecrivez le dialogue entre le serveur et le client. **A** joue le serveur, **B** joue le client.
> ➢ Jouez la scène

la carte

Entrée :

la salade niçoise
la salade césar au poulet

****

Plat principal :

la tarte flambée
la ratatouille

****

Desserts :

la mousse au chocolat
les crêpes à la vanille

Bon Appétit !

8.Reflexion

Zunächst einmal möchte ich sagen, dass es unvorhergesehene Komplikationen gab, da eine Referendarin ihre Lehrprobe verschlafen hat und somit andere Referendare, als auch ich davon betroffen waren, weil meine Französischschüler aus dem Unterricht rausgenommen wurden sind, damit sie ihre Stunde später halten konnte. Deshalb habe ich meine Unterrichtsstunde in der 6.Stunde gehalten, welche nicht die optimalste Stunde ist für die Aufmerksamkeit der SuS und habe überziehen müssen. Trotzdem war ich von meinen SuS zufrieden, denn sie versuchten in der schwülen Hitze des Klassenraumes aufmerksam zu sein und waren motiviert. Ich selbst bin mit meiner Stunde zufrieden und weiß, dass ich das ein oder andere besser umsetzen kann, dank den Verbesserungsvorschlägen meiner Mentorin und meiner betreuenden Dozentin.

Ich fühlte mich fachlich sicher, als auch sehr wohl in der Klasse.

Für einen motivierenden Einstieg drehte ich ein Video in einem Restaurant, um somit die SuS zu überraschen und zu zeigen, wie ein Bestellvorgang „au restaurant" verlaufen könnte. Unglücklicherweise waren die Boxen des Medienwagens nicht laut genug und sie konnten das Gesprochene nicht deutlich hören. Außerdem ist anzumerken, dass im Video das typische französische Trinkgeld in der Schale gefehlt hat, falls ich die Gelegenheit, dazu haben sollte, es verbessern sollte, da es ein gelungenes Video ist und ich viel Arbeit darin gesteckt habe.

Des Weiteren waren die Erarbeitungsphasen sehr lang und lehrerzentriert.

Eine aktivere Phase hätte ich mit einem Lückentext, einem Puzzle mit den Redemitteln und Bildern in Partnerarbeit erzielen können, in welchem sich die SuS intensiver mit dem Unterrichtsgegenstand auseinandergesetzt hätten.

Das Tafelbild, wie ich es in meinem Entwurf geplant hatte, konnte ich nicht umsetzen, weil ich nicht den genügenden Platz hatte. Das nächste Mal könnte ich auch die Fenster benutzen, wenn die Tafel nicht reichen würde.

Die Redemittelkarten waren von der Größe gut leserlich, aber ich hätte sie farblich gestalten können, um eine Trennung zwischen dem Kellner und dem Kunden zu erzielen. Dies würde eine größere Hilfe für die SuS bieten.

Auch die Fotos der einzelnen Szenen hätten nummeriert werden können, um somit eine vereinfachte Kommunikation zwischen SuS und LK leisten zu können, dies würde die Erarbeitungsphase verkürzen.

Das Chorsprechen hat gut funktioniert, obwohl ich Bedenken hatte, da ich es zuvor nicht ausprobiert hatte. Auch die Vorstellung der Szene seitens der SuS war schön umgesetzt, trotz der knappen Zeit, die für die Sprachproduktion und die Präsentation verblieben ist. Natürlich hätte ich es mir sehr gewünscht alle SuS sehen zu können, um den Lernzuwachs zu konstatieren.

Es wäre für das nächste Mal besser, eine größere Menükarte zu basteln, damit jeder die Auswahl an Gerichten sehen kann. Außerdem wäre ein Halbkreis für die Vorstellungen der SuS geeigneter gewesen, als vor der Klasse, damit sie auch für ihren Auftritt gewürdigt werden und sich bewegen.

Meines Erachtens sollte ich für meine weitere Entwicklung als Lehrkraft den Fokus auf schülerzentrierte Aufgaben werfen, um damit eine hohe aktive Lernzeit im Unterricht zu ermöglichen, damit wäre ein größerer Lernerfolg der SuS verbunden. Zudem müsste ich für die Zukunft meine Tafelbilder, Requisiten, Videos im Klassenraum ausprobieren, um einen reibungslosen Unterricht zu halten.